200

PREGUNTAS Y RESPUESTAS SOBRE

ANIMALES

Texto: Cristina Banfi
Ilustraciones: Lorenzo Sabbatini

ÍNDICE

4 Introducción

6 El bosque y la jungla

24 El desierto y la estepa

36 La sabana y la pradera

58 El mundo acuático

76 La montaña y el hielo permanente

Es fácil sentir fascinación ante la extraordinaria riqueza y variedad del reino animal, porque en nuestro planeta viven criaturas maravillosas.

Seguro que, al observar la fauna de algún lugar, más de una vez te has preguntado: ¿por qué estos animales son así? ¿Por qué parece que algunos tienen **«superpoderes»**? ¿Por qué otros tienen un aspecto tan gracioso o tan original? ¿Por qué algunos se comportan de una forma tan extravagante, divertida y, a veces, incluso un poco loca?

Si los enigmas de la **naturaleza** despiertan tu curiosidad y sigues leyendo, encontrarás respuestas a preguntas y te divertirás mientras aprendes muchas cosas de los animales. Descubrirás que su apariencia y su conducta suelen depender del lugar donde viven (ya sea el bosque, el desierto o la inmensidad del océano) y de los ingeniosos métodos que utilizan para escapar de los depredadores, encontrar comida, proteger a sus crías y garantizar la supervivencia de la especie.

¿Quieres un consejo?
Lee con atención, porque conocer lo que nos rodea es el primer paso para aprender a respetar, proteger y valorar nuestro querido planeta Tierra.

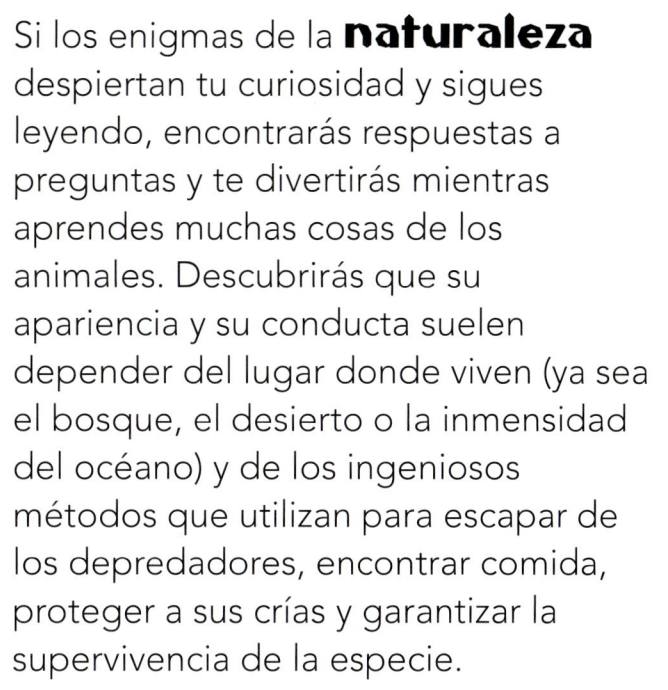

El bosque y la jungla

El bosque no solo es el reino de las plantas: en él también viven muchos animales que allí encuentran cuanto necesitan.

Desde la calurosa jungla hasta los fríos bosques de la taiga, todos los animales que viven rodeados de árboles saben muy bien cómo sobrevivir en ese medio.

En ese intrincado laberinto de troncos, ramas y hojas, los animales se mueven, cuidan a sus crías, recogen y almacenan alimentos, se esconden y encuentran refugio.

¿Por qué las ardillas tienen la cola tan tupida?

La cola de las ardillas tiene tres funciones principales: las calienta como si fuera una manta, les sirve para comunicarse con otros miembros de la misma especie y las ayuda a mantener el equilibrio cuando saltan de una rama a otra.

¿Por qué los lobos aúllan?

Los lobos aúllan para que todos los miembros de la manada sepan dónde se encuentran los demás cuando salen a cazar.

¿Por qué los lobos aúllan por la noche?

Los lobos descansan durante el día y, cuando cae la oscuridad, salen a cazar en grupo. Aúllan sobre todo por la noche, para comunicarse con el resto de la manada mientras cazan.

¿Por qué los murciélagos pueden volar en la oscuridad?

Los murciélagos utilizan un método sorprendente para orientarse en la oscuridad: emiten ultrasonidos que rebotan en forma de eco cuando encuentran un obstáculo. Al oírlos, el murciélago se las arregla para no chocar.

¿Por qué al murciélago vampiro se le llama así?

Como el conde Drácula de la leyenda, este pequeño murciélago se alimenta de sangre. Sus víctimas son vacas, cerdos y caballos. Con sus dientes incisivos, el murciélago hace un pequeño corte en la piel del animal, sin que este casi se dé cuenta.

¿Por qué los mapaches lavan la comida?

En realidad, los mapaches no lavan la comida; simplemente la mojan para saber exactamente qué es lo que se van a comer.

¿Por qué los machos de pavo real despliegan la cola?

Es su manera de llamar la atención de las hembras. Durante el cortejo, el pavo macho despliega las plumas de su gigantesca cola en forma de abanico y las hace vibrar para que sus brillantes dibujos de colores se muevan: ¡todo un espectáculo!

¿Por qué las hembras de pavo real no tienen plumas de colores llamativas?

Una de las funciones de las hembras de pavo real es incubar los huevos y cuidar a los polluelos. El color marrón de su plumaje las ayuda a camuflarse y a ser menos visibles para los depredadores.

¿Por qué los cucos no hacen nidos?

Los cucos no necesitan hacer nidos porque no son ellos quienes crían a sus polluelos. Las hembras ponen los huevos en secreto en los nidos de otras aves para que estas, sin saberlo, críen a los pequeños en su lugar.

¿Por qué se llaman así las hormigas cortadoras de hojas?

Porque poseen unas mandíbulas extraordinariamente afiladas con las que cortan pequeños trozos de hoja, que luego transportan formando una larga fila desde las copas de los árboles hasta el hormiguero.

¿Por qué recogen hojas las hormigas cortadoras de hojas?

Las hojas que recogen se descomponen bajo tierra y sirven para cultivar unos hongos deliciosos.

¿Por qué el oso hormiguero no tiene dientes?

Los alimentos de la dieta del oso hormiguero no necesitan masticarse, por eso este animal tiene el hocico largo y estrecho y unas mandíbulas finas y sin dientes. Para capturar a sus pequeñas presas, utiliza su lengua, larga y pegajosa.

¿Por qué los ciervos pierden la cornamenta?

Para renovarla. Después de perder los cuernos les crecen otros más grandes.

¿Cada cuánto tiempo cambian la cornamenta los ciervos?

A los ciervos se les cae la cornamenta cada año, en cuanto termina la época de celo.

¿Por qué los castores construyen presas?

Los castores apilan ramas de árbol para formar diques e interrumpir la corriente de los ríos, creando así pequeños lagos donde construyen sus guaridas. Así pueden vivir tranquilos, a salvo de los lobos, los coyotes y los pumas, sus principales depredadores.

¿Por qué el piquituerto tiene el pico torcido?

El pico de esta ave parece deforme porque tiene las puntas cruzadas. Esto lo convierte en una herramienta ideal para abrir sin esfuerzo las piñas de los pinos y extraer los piñones de los que se alimenta.

¿Por qué las crías de ciervo nacen con manchas en el lomo?

Los cervatillos nacen con unas manchas claras dispersas por el lomo, que desaparecen con los años. Esta coloración imita la combinación de luces y sombras del sotobosque, y hace que el cervatillo sea invisible para los depredadores mientras espera a su madre escondido bajo un arbusto.

¿Por qué el corazón de las ranas de bosque deja de latir en invierno?

Para sobrevivir al largo y gélido invierno, las ranas de bosque hibernan. Su sangre contiene una sustancia anticongelante gracias a la cual el cuerpo genera unos cristales de hielo y tanto el corazón como la respiración se detienen. En primavera, se descongelan y retoman la actividad.

¿Por qué el lirón tiene los ojos tan grandes?

Para orientarse de noche aunque haya muy poca luz. Los lirones tienen un bigote muy largo y sensible al tacto que les resulta de gran ayuda para desplazarse entre las ramas de los árboles.

¿Por qué los búhos vuelan en silencio?

Los búhos son aves nocturnas y deben cazar en absoluto silencio si quieren tener éxito. La forma dentada del borde de sus plumas primarias amortigua el sonido del aire cuando vuelan.

¿Por qué el arrendajo esconde semillas en el suelo?

Se trata de una forma ingeniosa de almacenar provisiones en un lugar seguro, impidiendo así que otros animales se las coman. El arrendajo recupera las semillas durante los días siguientes, pero no siempre las encuentra todas, y algunas de las que quedan enterradas acaban germinando.

¿Por qué los búhos tienen orejas?

En realidad, lo que les asoma de la cabeza no son orejas, sino unos mechones de plumas. Estos les sirven para camuflarse entre las ramas y comunicarse con otros búhos. Las «orejas» de verdad son dos agujeros situados a los lados de la cabeza, ocultos bajo las plumas.

¿Por qué hibernan los lirones?

Las bajas temperaturas y la falta de comida en invierno dificultarían la supervivencia de estos pequeños mamíferos. Por eso, cuando llegan los primeros fríos, los lirones se enrollan dentro de su nido de hierba y hojas, y entran en un estado de inactividad.

¿Por qué se llaman así los orangutanes?

En la lengua local de Borneo, orangután significa «hombre del bosque». Cuenta la leyenda que los orangutanes eran humanos que se encaramaban a los árboles para no trabajar.

¿Por qué los camaleones cambian de color?

Es una manera de comunicar su estado de ánimo (si están enfadados, por ejemplo, se vuelven más oscuros) o de controlar la temperatura corporal.

¿Por qué los tigres tienen el pelaje a rayas?

Para camuflarse en la selva: los rayos de sol que se filtran a través de las hojas forman franjas de sombra similares a las del pelaje de los tigres.

¿Por qué bostezan las pitones?

Las pitones no bostezan porque estén cansadas. Lo hacen porque antes de tragarse una presa, que puede ser tan grande como el ancho de su cuerpo, estiran las mandíbulas.

¿Por qué las pitones se tragan las presas enteras, aunque sean muy grandes?

Las serpientes se tragan a sus presas enteras, por muy grandes que sean, porque pueden abrir la boca hasta el doble de la anchura de su cabeza. Esto es posible gracias a la disposición de las mandíbulas, que tan solo están unidas por un ligamento elástico.

¿Por qué las anacondas viven en el agua?

Como son tan grandes, a las anacondas les resulta mucho más fácil nadar que reptar por la tierra.

¿Por qué el násico tiene la nariz tan larga?

La enorme nariz de los machos tiene poca utilidad. Aunque parezca extraño, no es más que un signo de belleza que gusta mucho a las hembras. Cuanto mayor sea su nariz, más éxito tendrá el macho a la hora de encontrar una pareja con la cual formar una familia.

¿Por qué el jaguar tiene el pelaje manchado?

El jaguar es un depredador nocturno que se mueve silenciosamente entre los árboles de la selva. El pelaje moteado lo ayuda a camuflarse, gracias a la combinación de luces y sombras que producen los rayos de la Luna.

¿Por qué los gibones tienen los brazos tan largos?

Para los animales del bosque, saltar de un árbol a otro resulta muy útil. Esta forma de desplazarse es típica de algunos primates cuyos largos brazos les permiten aferrarse a dos ramas alejadas entre sí o alcanzar fácilmente los frutos de los que se alimentan.

¿Por qué el tucán tiene el pico tan grande?

Gracias al gran tamaño de su pico, el tucán puede alimentarse fácilmente de frutos grandes, que engulle lanzándolos al aire.

¿Por qué los tapires tienen trompa?

La nariz larga y flexible les resulta muy útil para arrancar los brotes de las plantas de las que se alimentan. Además, con ella pueden olfatear el suelo para detectar el rastro oloroso que dejan los depredadores u otros tapires. En caso necesario, la trompa también puede convertirse en un tubo para respirar bajo el agua.

¿Por qué los perezosos tienen las garras tan largas?

El perezoso es un animal tranquilo que se pasa el día agarrado firmemente a una rama. Tiene las garras largas y encorvadas, lo cual le permite colgarse de los árboles panza arriba sin demasiado esfuerzo.

¿Por qué las crías de hoatzin tienen garras en las alas?

Las crías de hoatzin nacen en nidos construidos en lo alto de los árboles. Cuando aparece un depredador, se dejan caer al agua para escapar. En cuanto pasa el peligro, los polluelos regresan al nido trepando por el tronco gracias a las pequeñas garras de las alas.

¿Por qué al basilisco se le conoce también como el «lagarto de Jesucristo»?

Porque cuando se levanta sobre sus patas traseras y empieza a correr sobre el agua, recuerda la figura bíblica de Jesucristo andando sobre las aguas. Puede recorrer hasta veinte metros antes de hundirse.

¿Por qué al mono aullador se le llama así?

Este mono es uno de los animales más ruidosos del mundo. Su grito puede oírse a cinco kilómetros de distancia y es tan fuerte como el sonido de un avión al despegar.

¿Por qué grita el mono aullador?

Los gritos estridentes del mono aullador le sirven para marcar su territorio.

¿Por qué los loros tienen dos garras hacia delante y dos hacia atrás?

Esta posición tan particular de las garras es típica de las aves que trepan por los troncos de los árboles, algo que los loros saben hacer muy bien. Gracias a sus garras cubiertas de duras escamas, también son capaces de agarrar y manipular objetos con gran habilidad.

¿Por qué los koalas solo comen hojas de eucalipto?

Aunque se trata de un alimento muy pobre en proteínas y además tóxico para muchos otros animales, las hojas de eucalipto son la dieta exclusiva de los koalas. Esto les supone una gran ventaja, ya que no tienen que competir con otras especies por esa fuente de alimento.

¿Por qué el kiwi tiene las alas cortas?

El kiwi tiene unas alas diminutas, de apenas tres centímetros, que le impiden volar. Camina por el bosque de noche, buscando comida y dejando excrementos por el suelo para marcar su territorio, en el que solo pueden entrar sus crías y su pareja.

¿Por qué la cobra tiene capucha?

La inconfundible capucha que tienen todas las cobras aparece cuando la serpiente ensancha la zona del cuello, cosa que hace cuando la molestan o se siente amenazada. La capucha hace que la cabeza parezca mucho más grande de lo que es, y con eso ahuyenta a sus enemigos.

¿Por qué el lince tiene las patas traseras largas y robustas?

El cuerpo del lince parece un poco asimétrico: las patas delanteras son más cortas y desproporcionadas en comparación con las traseras, mucho más largas y fuertes. Se trata de un rasgo típico de los animales a los que se les da bien saltar, que es lo que hace el lince para abalanzarse sobre sus presas.

¿Por qué los pandas viven en los bosques de bambú?

Aunque no es su único alimento, el bambú representa el 99 % de la dieta de los pandas. Además, son muy pocos los animales herbívoros a los que les gustan las hojas de esta planta.

El desierto y la estepa

Vivir en el desierto no es nada fácil: durante el día hace un calor sofocante, así que lo más prudente es salir a buscar comida por la noche, cuando el aire es algo más fresco.

El mayor problema, sin embargo, es la falta de agua. Eso obliga a los animales a conservarla durante el mayor tiempo posible, evitando sudar e incluso orinar.

En el desierto también es difícil encontrar alimento, de modo que —¡no hay que tener manías!— conviene comerse todo lo que se encuentra. Algunos animales incluso almacenan grasa en su cuerpo para los tiempos de escasez.

¿Por qué los camellos tienen joroba?

En la joroba se almacena la grasa que el animal utiliza como fuente de energía, lo cual le permite sobrevivir sin comer durante varios días.

¿Por qué las serpientes de cascabel se llaman así?

El cascabel de esta serpiente se encuentra en la punta de la cola y está formado por una serie de anillos de piel seca. Cuando lo agita, los anillos chocan entre sí y producen un sonido característico que la serpiente utiliza para advertir a otros animales que es venenosa y que es mejor que no la molesten.

¿Por qué los dromedarios, a pesar de su peso, no se hunden en la arena?

Los dromedarios son capaces de correr por el desierto sin hundirse gracias a sus anchas pezuñas, que distribuyen su peso uniformemente sobre la arena.

¿Por qué el dromedario tiene las pestañas tan largas?

El dromedario tiene una mirada muy dulce, en parte por sus largas pestañas. En realidad, estas le sirven para que los granitos de arena no se le metan en los ojos durante las violentas tormentas de polvo.

¿Por qué se llama así la araña rodadora?

La araña rodadora tiene un método muy eficaz para escapar de los depredadores: se entierra en la arena dando vueltas sobre sí misma a toda velocidad.

¿Por qué se llama así el lagarto de cola espinosa?

Porque tiene una cola gruesa, corta y cubierta de grandes escamas puntiagudas. Con ella puede protegerse, pero también bloquear la entrada a su guarida, que está excavada en el suelo.

¿Por qué la víbora de arena del Sáhara se desplaza lateralmente?

Arrastrarse por la arena caliente del desierto no es fácil. La víbora de arena del Sáhara es muy consciente de ello y se asegura que, al hacerlo, solo dos puntos de su cuerpo toquen el suelo gracias a un movimiento ondulatorio.

¿Por qué la rata canguro tiene las patas traseras tan largas?

Como habrás adivinado, la rata canguro no camina, ¡salta! Tiene unas patas traseras que le permiten dar saltos de hasta 2,5 metros, el tamaño de una motocicleta.

¿Por qué la víbora cornuda tiene dos cuernos encima de los ojos?

Los dos pequeños cuernos que sobresalen de la cabeza de la víbora le protegen los ojos mientras se arrastra por la arena.

¿Por qué puede ser arriesgado asustar a las tortugas del desierto?

Cuando encuentran agua, las tortugas del desierto la almacenan... en la vejiga. Si se asustan, pueden soltar involuntariamente el precioso líquido y salpicar a quien tengan cerca.

¿Por qué el gato de las arenas ladra?

El gato de las arenas es un animal solitario que únicamente busca compañía durante la época de celo. Para encontrar pareja, el macho emite un sonido que se parece al ladrido de un perro.

¿Por qué el saiga tiene la nariz tan grande?

Este antílope estepario utiliza su nariz para filtrar el aire y calentarlo, pero también como megáfono. Así su voz puede oírse desde muy lejos.

¿Por qué la ganga recoge gotas de agua con las plumas del pecho?

Sus plumas pectorales pueden absorber pequeñas cantidades de agua. Los machos las utilizan como esponja para transportar el valioso líquido hasta el nido, donde le esperan sus crías y su pareja.

¿Por qué el órice tiene el lomo claro y las patas negras?

En los días calurosos, el pelaje claro de este gran antílope refleja la luz del sol. En cambio, el color oscuro de las patas le ayuda a absorber el calor menos intenso de la mañana, momento en que hasta en el desierto puede hacer frío.

¿Por qué el adax no bebe nunca?

Por raro que parezca, el adax no necesita buscar fuentes de agua para beber. El secreto está en que absorbe toda la humedad de las plantas de las que se alimenta y luego la administra con moderación.

¿Por qué las salamanquesas pueden caminar por paredes verticales?

Las salamanquesas se mueven sin esfuerzo por paredes y techos gracias a las formaciones adhesivas que tienen en la punta de los dedos. Con solo hacer un poco de presión, se adhieren firmemente a la pared mientras trepan.

¿Por qué pican los escorpiones?

Los escorpiones tienen un aguijón en la punta de la cola con el que pueden inyectar veneno. Lo utilizan para cazar o defenderse cuando se sienten amenazados.

¿Por qué se llama así el pez de arena, si es un lagarto?

Porque sus patas funcionan como si fueran aletas y, cuando se desplaza, las utiliza para empujar la arena de manera que parezca que está nadando.

¿Por qué el diablo espinoso está cubierto de espinas?

Las espinas que cubren el cuerpo de este lagarto, además de protegerlo y ayudarlo a camuflarse, permiten que las pocas gotas de humedad que se forman de madrugada resbalen hasta su boca.

¿Por qué el fénec tiene las orejas tan grandes?

Tener las orejas grandes resulta muy útil para oír hasta el más leve sonido de una presa al moverse por la arena. Las orejas del fénec también le ayudan a dispersar el calor corporal.

¿Por qué los canguros se lamen las patas delanteras los días que hace calor?

Los canguros no sudan, sino que utilizan un método algo peculiar para reducir la temperatura corporal: se lamen el pecho y la parte interior de las patas delanteras, humedeciendo así el pelaje. Cuando la saliva se evapora, la sangre se enfría rápidamente.

¿Por qué los canguros tienen una bolsa en el abdomen?

La bolsa o marsupio es un pliegue de piel que solo tienen las hembras. Sirve para proteger y amamantar a las crías, que cuando nacen son muy pequeñas (apenas miden unos centímetros) y permanecen dentro de la bolsa hasta que tienen diez meses.

¿Por qué los suricatas tienen manchas oscuras alrededor de los ojos?

Parece que llevan un antifaz, pero no son ladrones: las manchas oscuras atenúan el resplandor del sol y les protege la vista.

¿Por qué el buitre negro se orina en las patas?

En los días calurosos de verano, los buitres negros se orinan en las patas. No lo hacen por distracción, sino porque la evaporación del agua que contiene la orina produce un efecto refrescante.

¿Por qué el casuario tiene un casco en la cabeza?

Este extraño casco le sirve para defenderse cuando se siente amenazado. También lo utiliza para protegerse la cabeza de los impactos cuando corre a través de la espesura del bosque.

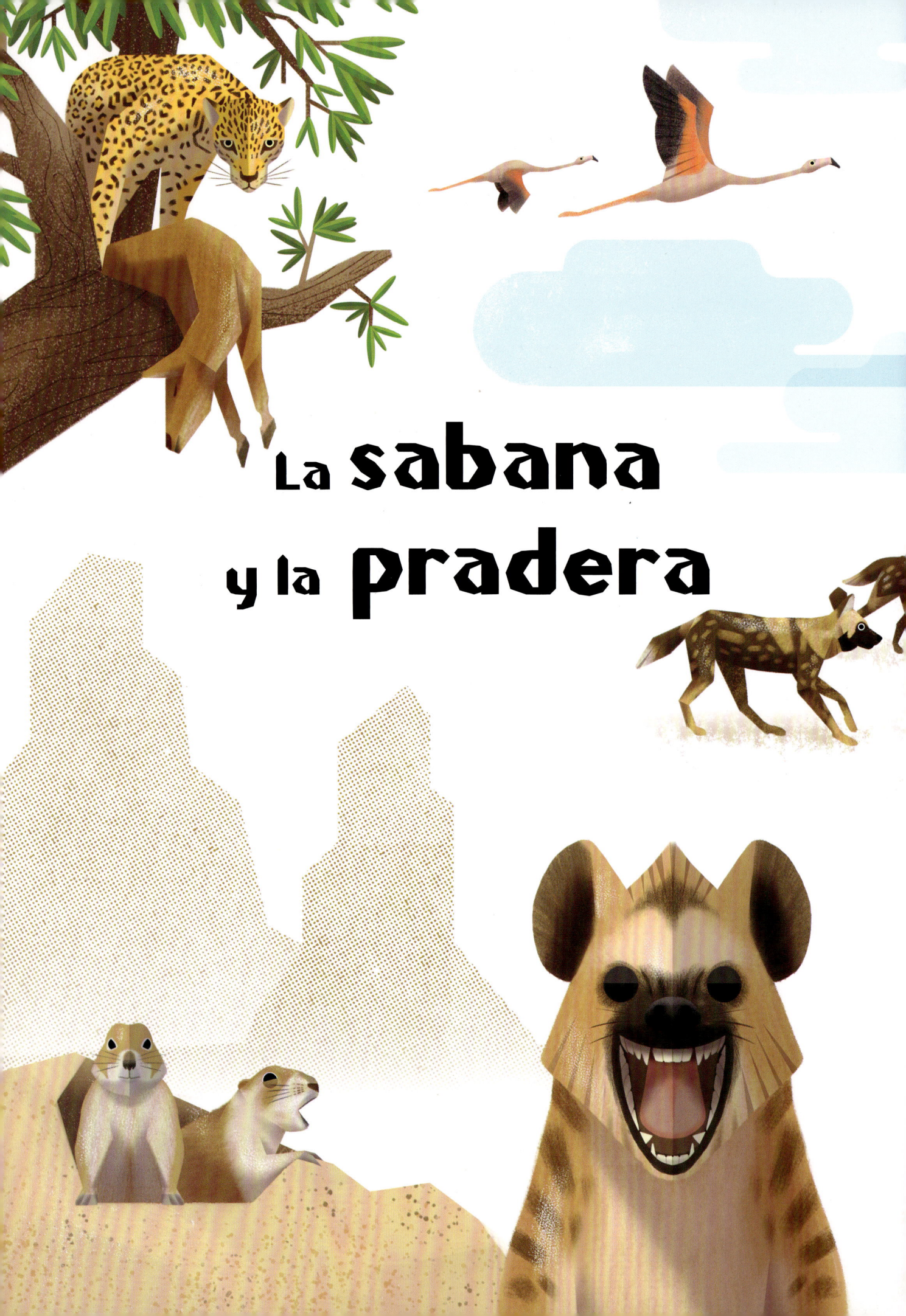

La sabana y la pradera

La sabana y la pradera, donde la hierba crece en abundancia, son hábitats ideales para los antílopes, las cebras y muchos otros herbívoros, que viven ahí formando grandes manadas.

Al haber tantos herbívoros, también suelen haber carnívoros que los persiguen, les tienden emboscadas o les atacan por sorpresa.

Algunos animales excavan madrigueras subterráneas para protegerse de los depredadores o del calor, y muchos aprovechan la oscuridad de la noche para cazar o para desplazarse sin que los capturen.

¿Por qué el picabueyes es tan amigo de los grandes herbívoros?

El picabueyes se posa en el lomo de los búfalos, las cebras, los rinocerontes y otros grandes herbívoros de la sabana para comerse las garrapatas, las moscas y los parásitos que encuentra en su piel. Además de prestar este servicio de limpieza, el picabueyes avisa a sus «amigos» cuando llega un depredador.

¿Por qué el rinoceronte tiene un cuerno encima de la nariz?

El cuerno del rinoceronte es un arma afilada y puntiaguda porque la frota constantemente contra superficies ásperas. Lo utiliza para defenderse, pero también para excavar en busca de raíces o para encontrar agua.

¿Por qué las cebras tienen el pelaje a rayas blancas y negras?

Las rayas les ayudan a repeler a los insectos parásitos, como los tábanos: ¡las rayas dificultan las maniobras de aterrizaje de estos insectos!

¿Por qué el elefante tiene las orejas tan grandes?

Los elefantes necesitan unas orejas grandes para refrescarse: gracias a sus numerosos vasos sanguíneos, la sangre que circula por ellas se enfría y rebaja la temperatura de todo su cuerpo.

¿Por qué los elefantes tienen colmillos?

Los colmillos de los elefantes son dientes que les siguen creciendo toda la vida. Los utilizan para hacer muchas cosas, como excavar agujeros, arrancar la corteza de los árboles y, si es necesario, luchar. ¡Incluso apoyan la trompa encima cuando están cansados!

¿Por qué las jirafas tienen la lengua oscura?

Las jirafas tienen la lengua de color azul violáceo, casi negro. Este color oscuro la protege de los rayos del sol y evita que se queme.

¿Por qué las jirafas tienen el cuello tan largo?

El cuello es, sin duda, el rasgo más llamativo de las jirafas. Les permite alimentarse de las hojas más altas, inalcanzables para otros herbívoros. Los machos también utilizan el cuello para luchar con otros machos de la misma especie, golpeándolos en el vientre.

¿Por qué los cocodrilos lloran después de comer?

Los cocodrilos no lloran porque tengan remordimientos después de haberse comido a su presa. Lo que ocurre realmente es que, cuando los cocodrilos pasan mucho tiempo fuera del agua, los ojos se les resecan y, para humedecerlos, sueltan lágrimas.

¿Por qué los leones macho tienen melena?

Los leones macho lucen sus melenas con orgullo. Saben que, cuanto más espesa y oscura sea, más atraídas se sentirán las hembras y que lo tendrán en consideración para elegir el mejor padre para sus crías.

¿Es verdad que el león tiene una lengua muy áspera?

La lengua del león es áspera como el papel de lija. Está cubierta de pequeñas espinas inclinadas hacia atrás, muy útiles para raspar los huesos de la presa que está devorando y separar los restos de carne. Si un león te lamiera la mano, ¡te despellejaría al instante!

¿Por qué rugen los leones?

Los leones macho utilizan su potente rugido para ahuyentar a los intrusos cuando estos invaden su territorio, pero también para advertir al resto de la manada de un posible peligro.

¿Por qué los leopardos suben a sus presas a los árboles?

Los leopardos arrastran a sus presas hasta las copas de los árboles, a varios metros de altura. Es una forma inteligente, aunque agotadora, de proteger su botín y de comer sin que los molesten durante varios días.

¿Por qué los guepardos no se resbalan?

El guepardo es el único felino que no puede retraer las garras, por eso siempre las tiene totalmente a la vista. De este modo, sus pies se adhieren al suelo y evitan que se resbale cuando corre a toda velocidad.

¿Por qué los topos no tienen buena vista?

La vida de los topos transcurre casi exclusivamente bajo tierra, en una oscuridad total, cavando túneles para obtener el alimento que detectan gracias al olfato. Por eso, para estos animales, tener buena vista ¡no tiene ningún valor!

¿Por qué las gacelas viven en grupos grandes?

Las gacelas, los impalas y muchos otros herbívoros viven en manadas de hasta setecientos miembros. Al pastar, beber y dormir juntos, tienen más posibilidades de que alguno de ellos advierta la presencia de un depredador y avise al resto del grupo.

¿Por qué el antílope americano tiene el corazón y los pulmones tan grandes?

El antílope americano es un verdadero atleta. Es tan rápido que puede superar los 70 kilómetros por hora durante largas distancias. Para alcanzar esta velocidad, dispone de un corazón y unos pulmones muy grandes, que pueden suministrar mucha cantidad de oxígeno a los músculos.

¿Por qué el avestruz esconde la cabeza debajo de la arena?

En realidad, los avestruces no esconden la cabeza debajo de la arena. Como la tienen tan pequeña en comparación con el resto del cuerpo, desde lejos puede dar la impresión de que está enterrada.

¿Por qué los avestruces comen piedras?

Como los avestruces no tienen dientes, no pueden masticar la comida. Tragar pequeñas piedras y guijarros les ayuda a triturarla cuando llega a su musculoso estómago, que, al contraerse, hace que las piedras (llamadas gastrolitos) entrechoquen y desmenucen la comida hasta convertirla en pulpa.

¿Por qué los polluelos de avestruz «van a la guardería»?

El avestruz macho hace un nido cavando un agujero poco profundo, en el que depositan los huevos tanto su pareja como el resto de las hembras de los alrededores. En este nido pueden nacer hasta 300 polluelos, a los que crían y protegen solo un padre y una madre.

¿Por qué el búho lechoso a veces finge estar herido?

De vez en cuando, el búho lechoso monta un auténtico espectáculo: mueve las alas y se arrastra por el suelo como si no pudiera volar. Se trata de un truco para distraer a los depredadores que se le acercan demasiado. Al verlo, el depredador cree que es una presa fácil y en cuanto se confía, el búho escapa.

¿Por qué la rana toro crea un capullo a su alrededor?

Para evitar que se le reseque la piel con el calor de la sabana, la rana toro se entierra bajo tierra envuelta en una capa mucosa que, cuando se endurece, forma un capullo. La rana puede esperar siete años así hasta que llueva.

¿Por qué migran las golondrinas?

En primavera, las golondrinas se trasladan al hemisferio norte porque allí encuentran muchos insectos para comer y pocos depredadores. Cuando llega el invierno y los insectos hibernan, migran al sur, a la cálida sabana africana, para no morirse de hambre y de frío.

¿Por qué el hipopótamo tiene los ojos, las orejas y la nariz en la parte superior de la cabeza?

El hipopótamo pasa las horas cálidas del día casi totalmente sumergido en el agua. El hecho de tener los ojos, las orejas y las fosas nasales en la parte superior de la cabeza le permite respirar y observar todo lo que ocurre a su alrededor.

¿Por qué la espátula tiene el pico más ancho en la punta?

El extraño pico de esta ave acuática es plano y más ancho en la punta. Esta parte es especialmente sensible y, cuando el pico entra en contacto con algo que se mueve en el agua, ayuda a que las mandíbulas se cierren a gran velocidad, impidiendo que la presa escape.

¿Por qué los flamencos son de color rosa?

En realidad, serían grises si no fuera por su peculiar dieta a base de pequeños crustáceos y algas microscópicas, con unos tintes naturales que hacen que las plumas adopten su color rosa característico.

¿Por qué el ornitorrinco tiene pico?

El pico de este mamífero es diferente del de las aves: es flexible y está cubierto de una piel muy sensible que ayuda al animal a encontrar comida bajo el agua.

¿Por qué el pangolín se hace una bola?

Los pangolines son unos mamíferos que están cubiertos casi por completo de escamas duras y superpuestas. Cuando se sienten amenazados por un depredador, se protegen rápidamente formando una especie de bola con el cuerpo.

¿Por qué se llama así la mamba negra, si es de color verde?

Su cuerpo es verde, pero la llaman mamba negra porque, cuando se asusta, abre completamente la boca, dejando a la vista el paladar de color oscuro. El mensaje es claro: ¡apártate o te morderé con mi picadura venenosa!

¿Por qué los licaones cazan en manada?

Los licaones viven en manadas de hasta cuarenta individuos que se ayudan mutuamente. A la hora de cazar, esta cooperación permite al grupo, dirigido por un líder, capturar presas de gran tamaño.

¿Por qué los buitres tienen el cuello desplumado?

Es una cuestión de higiene. Los buitres se alimentan de carroña y, a veces, tienen que meter la cabeza dentro de un animal muerto. Si tuvieran plumas, el cuello se les ensuciaría o podría engancharseles con algo.

¿Por qué son tan importantes las termitas?

La función que desempeñan estos pequeños insectos es fundamental. Las termitas comen madera y, gracias a eso, trasladan de nuevo al suelo los nutrientes presentes en las plantas muertas, facilitando su reciclaje y poniéndolos a disposición de otros seres vivos.

¿Por qué el oso hormiguero tiene las uñas tan fuertes?

Este gran comedor de hormigas y termitas tiene unas patas delanteras dotadas de fuertes uñas con las que atraviesa las duras paredes de los termiteros para comerse a sus habitantes. También las utiliza para cavar su madriguera, que cada cierto tiempo abandona para construir una nueva.

¿Por qué se llama a los gálagos «bebés de los bosques»?

El gálago es un pequeño primate con unos ojos grandes y redondos que recuerdan los de un recién nacido. Además, se comunica con una voz muy similar al llanto de los bebés.

¿Por qué se ríe la hiena?

La «risa» caracteristica de la hiena es en realidad una manera de comunicar sus emociones, como la excitación o el miedo.

¿Por qué los bisontes se revuelcan en el polvo?

Los bisontes suelen tumbarse y revolcarse en la tierra para quitarse de encima las garrapatas y las moscas que les pican, pero también para favorecer la muda del pelaje invernal. Los machos también lo hacen para liberar su olor y hacer alarde de su fuerza.

¿Por qué ladran los perros de la pradera?

Estos roedores tienen una voz similar al ladrido de los perros. Como viven en grupo, tienen que poder comunicarse con los numerosos miembros de la colonia, sobre todo para avisar de la llegada de depredadores.

¿Por qué los caballos duermen de pie?

Dormir de pie les permite estar preparados para escapar en caso de peligro. Los caballos se mantienen derechos gracias a que los tendones y los ligamentos bloquean las principales articulaciones de las patas. Así, el animal puede descansar sin miedo a caerse.

¿Por qué se llama así la garza bueyera?

Las garzas bueyeras se aprovechan de los grandes mamíferos para alimentarse sin esfuerzo, capturando los insectos que salen volando a su paso.

¿Por qué los perros de la pradera excavan sus guaridas bajo tierra?

Para los perros de la pradera, excavar su guarida es todo un reto, ya que tienen que construir numerosas cámaras conectadas por largos túneles que forman una especie de laberinto. Disponer de un refugio bajo tierra es muy útil, porque los protege de los depredadores.

¿Por qué las abejas producen miel?

La miel se hace a partir del néctar de las flores. Las abejas la producen para almacenarla en la colmena como alimento y la consumen durante los meses de invierno, cuando no hay flores alrededor.

¿Por qué brillan las luciérnagas?

Las luciérnagas brillan para llamar la atención de las hembras. El macho ilumina el abdomen y, cuando la hembra lo ve brillar, responde con una señal luminosa para indicar que lo acepta como compañero.

¿Por qué los mosquitos chupan sangre?

Se dice que lo hacen para alimentarse, pero, en realidad, los mosquitos se alimentan de jugos dulces, como el néctar y la melaza. Las hembras son las únicas que, durante un periodo determinado de su vida, pican a los humanos, ya que la sangre favorece el crecimiento de sus huevos.

¿Por qué las avispas son amarillas y negras?

El color de las avispas es un signo de advertencia frente a posibles amenazas. Los depredadores saben que este color significa peligro y que, si tratan de atrapar a la avispa, están expuestos a recibir una dolorosa picadura.

¿Por qué se llama así la mantis religiosa?

Porque dobla las patas delanteras de tal forma que parece que está rezando.

¿Por qué la mantis religiosa devora a su pareja?

Habitualmente, la hembra solo se come al macho cuando no tiene otro alimento para mantenerse fuerte y sobrevivir, al menos, hasta que ponga los huevos y nazcan las crías.

¿Por qué el secretario tiene unas patas largas y fuertes?

Las patas de esta ave son largas porque las necesita para desplazarse a pie entre la hierba alta de la sabana, y fuertes porque son el arma con la cual captura sus presas. A las serpientes, por ejemplo, las pisotean hasta que mueren o quedan lo bastante aturdidas como para comérselas sin peligro.

¿Por qué la serpiente real se come sin miedo a las terribles serpientes de cascabel?

Las serpientes reales no son venenosas, pero han desarrollado resistencia al veneno de otras serpientes. Esto les permite atacar y alimentarse de animales que otros depredadores seguramente no podrían digerir.

¿Por qué zumban las moscas?

Las moscas, como los mosquitos, además del par de alas que utilizan para volar, poseen otras dos diminutas llamadas halterios, con las cuales se equilibran durante el despegue y el aterrizaje. Estas pequeñas alas vibran durante el vuelo, produciendo el característico y molesto zumbido.

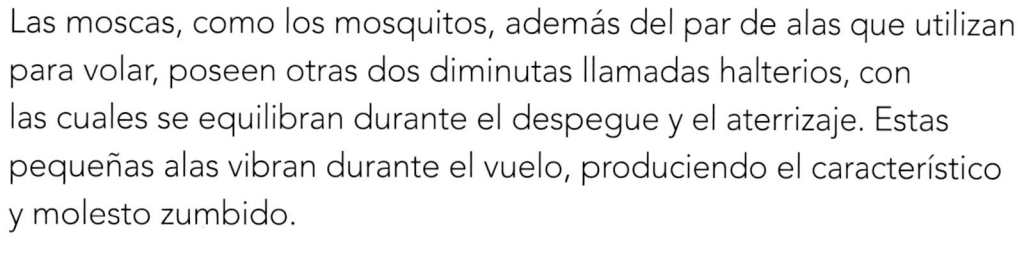

¿Por qué las lagartijas pierden la cola?

Cuando una lagartija es atacada por un depredador, se desprende voluntariamente y sin dolor de la cola, la cual sigue moviéndose para distraer al atacante y permitirle ponerse a salvo. Al cabo de unos meses, la cola vuelve a crecer un poco más corta.

El mundo acuático

Desde la superficie hasta las profundidades abisales, las aguas de los mares y los océanos son el hogar de los organismos más grandes, coloridos y extraños del planeta.

Algunos respiran con branquias y otros con pulmones; unos viven pegados al fondo marino, otros nadan a grandes velocidades y algunos, como las medusas, se dejan arrastrar por las corrientes.

A lo largo de las costas y de las orillas de lagos y ríos, encontramos numerosos animales que dependen del agua para subsistir. Por ejemplo, las ranas ponen en ella sus huevos y los pelícanos encuentran allí su alimento.

¿Por qué el pez espada se llama así?

La espada que lo caracteriza está formada por unos huesos bucales muy alargados y sirve para atrapar a las presas: el pez espada las persigue a toda velocidad, no para ensartarlas, sino para golpearlas violentamente y dejarlas aturdidas.

¿Por qué algunos peces vuelan?

Algunos peces tienen grandes aletas que pueden extender y poner rígidas para impulsarse fuera del agua y deslizarse por el aire unos segundos. También pueden dar saltos largos gracias al movimiento vibratorio de la cola. Esta técnica les permite escapar fácilmente de los depredadores.

¿Por qué el cangrejo puede permanecer tanto tiempo fuera del agua?

Los cangrejos respiran mediante branquias, como los peces, pero pueden pasar largos periodos fuera del agua. ¿Su secreto? Las branquias están dotadas de unas placas que se cierran para mantenerse húmedas y seguir funcionando.

¿Por qué el pelícano tiene una bolsa bajo el pico?

Se trata de una especie de saco con el que captura pequeños peces que quedan atrapados en su interior. Antes de tragárselos, el pelícano abre ligeramente el pico para expulsar el agua acumulada.

¿Por qué las ostras producen perlas?

Las ostras producen perlas como defensa natural contra cuerpos extraños e irritantes (como los granitos de arena o los parásitos) que pueden introducirse accidentalmente en la concha. Al envolverlos con capas de nácar, muy liso al tacto, las ostras evitan que el intruso dañe su delicado cuerpo.

¿Por qué el cangrejo ermitaño se protege con caparazones?

El abdomen del cangrejo ermitaño es blando y delicado, de modo que necesita protección. Por eso busca conchas vacías y las ocupa, dejando las patas al descubierto. Después, se pasea con las conchas a cuestas y las cambia por otras cuando se le quedan pequeñas.

¿Por qué las tortugas laúd tienen tantos dientes?

La boca de la tortuga laúd tiene cientos de pequeños dientes puntiagudos. Como se alimenta de medusas, estos dientes le permiten sujetarlas y evitar que se escapen.

¿Por qué estornudan las iguanas marinas?

Porque suelen ingerir grandes cantidades de agua salada. Para evitar que les haga daño, tienen que eliminar la sal de la sangre sin deshidratarse, y la manera más práctica de hacerlo es estornudando a menudo y con fuerza.

¿Por qué pican las medusas?

Para capturar presas mucho más rápidas que ellas, primero las aturden con una sustancia urticante que se encuentra en unas células especiales de los tentáculos. Cuando entran en contacto con algo, estas células «disparan» un pequeño arpón venenoso.

¿Por qué las tortugas marinas ponen los huevos en la playa?

Para desarrollarse, los embriones necesitan respirar aire a través de la cáscara porosa, cosa que no podrían hacer si los huevos estuvieran sumergidos en el agua.

¿Por qué se hincha el pez globo?

Habitualmente, el pez globo tiene el aspecto de un pez normal, pero cuando se siente amenazado traga agua para hincharse. Su volumen puede aumentar hasta cinco veces, lo cual, sumado a su forma esférica, hace que sea difícil comérselo.

¿Por qué el rape abisal tiene una luz encima de la cabeza?

El rape abisal vive en las profundidades oceánicas, donde no llega la luz del sol. A pesar de estar envuelto en una oscuridad permanente, atrae a sus presas con una especie de antena luminosa situada en su enorme cabeza.

¿Por qué los delfines emiten chasquidos?

Se sabe que los delfines silban para comunicarse con los miembros de su propia especie, pero a veces ese silbido suena como un «clic» a nuestros oídos. Gracias al eco de esos chasquidos, los delfines pueden saber cómo es el entorno que los rodea.

¿Por qué se dice que el cangrejo de herradura es un fósil viviente?

A veces las apariencias engañan: los cangrejos de herradura están más emparentados con las arañas y los escorpiones que con las gambas y las langostas. Estos extraños animales ya deambulaban por el lecho marino hace… ¡450 millones de años! Esto significa que aparecieron antes incluso que los dinosaurios.

¿Por qué el cachalote produce ámbar gris?

Los cachalotes son grandes devoradores de sepias y calamares, animales con un pico duro y difícil de digerir. Dentro de su intestino, los picos se compactan y se convierten en una sustancia sólida llamada ámbar gris. Este componente se utiliza para fabricar perfumes.

¿Por qué las ballenas grises se dirigen al Caribe en invierno?

Con la llegada del invierno, las ballenas grises abandonan las gélidas aguas del océano Ártico y, tras un viaje de miles de kilómetros, llegan al cálido y tranquilo mar Caribe, frente a la costa de México. Allí encuentran las condiciones ideales para aparearse y criar.

¿Por qué el cachalote expulsa un chorro de agua por la cabeza?

El cachalote respira con pulmones. En la cabeza tiene un agujero, llamado espiráculo, con el que inhala y exhala aire, como si fuera una fosa nasal. Cuando sale a la superficie, no es agua lo que expulsa, sino aire que se condensa formando una nube, como nuestro aliento cuando hace frío.

¿Por qué cantan las ballenas jorobadas?

El canto del macho de ballena jorobada es una combinación de múltiples sonidos: silbidos, gruñidos, gemidos... Sirve para llamar la atención de las hembras y para comunicar su posición y ruta.

¿Por qué las ballenas no tienen dientes?

Las ballenas se alimentan de animales muy pequeños que capturan en grandes cantidades. Por eso, en lugar de dientes tienen barbas, unos filamentos largos y resistentes que funcionan como un filtro.

¿Por qué los tiburones pierden los dientes con tanta facilidad?

Los dientes de los tiburones son afilados y puntiagudos y, como no están fijados a la encía, suelen quedarse clavados en el cuerpo de la presa al morderla. De hecho, la boca del tiburón tiene varias filas de dientes y, aunque pierda algunos, nunca se queda desdentado.

¿Por qué el gran tiburón ballena se considera inofensivo?

Este tiburón tiene más de 3.000 dientes diminutos, como la cabeza de una cerilla, y su función no consiste en desgarrar ni masticar. Los tiburones ballena son filtradores y se alimentan en exclusiva de organismos, como el plancton.

¿Por qué se dice que la orca es la «ballena asesina»?

La orca, como muchos otros animales, es un depredador. Su método de caza es especialmente agresivo y le permite capturar presas de grandes dimensiones. Es probable que el apodo se lo pusieran antiguamente los marineros que la veían en acción.

¿Por qué se llama así el pez martillo?

Este tiburón tiene los ojos muy separados y gracias a eso puede ver todo lo que ocurre a su alrededor. Su inconfundible cabeza recuerda a la del martillo de un carpintero.

¿Por qué la mantarraya tiene dos cuernos?

Parecen cuernos, ¡pero no lo son! Se trata de unas aletas situadas a ambos lados de la cabeza que son muy flexibles y pueden enrollarse al nadar. Se pueden ver claramente cuando la mantarraya está buscando comida, porque las utiliza para canalizar el plancton hacia su boca.

¿Por qué las sepias disparan chorros de tinta?

El chorro de tinta con el que la sepia rocía a sus atacantes es una técnica para preparar su huida. La nube negra que se forma en el agua sirve como «cortina de humo»: el depredador no solo se queda desconcertado, sino que no puede ver en qué dirección ha huido.

¿Por qué las estrellas de mar no tienen ojos?

A diferencia de la mayoría de los animales, las estrellas de mar no tienen órganos sensoriales en la cabeza. En su lugar, tienen unos ojos muy simples en la punta de cada brazo, llamados ocelos, con los cuales pueden distinguir entre la luz y la oscuridad.

¿Por qué se llama así el pez cirujano?

Este colorido pez de arrecife tiene dos espinas a cada lado de la cola. Son tan afiladas que parecen un bisturí, el instrumento que utilizan los cirujanos en el quirófano.

¿Por qué las rayas tienen el cuerpo plano?

Las rayas suelen nadar por el fondo marino, en busca de presas que capturan con la boca, situada en la parte inferior del cuerpo. Al ser planas pueden enterrarse en la arena para esconderse rápidamente de los depredadores.

¿Por qué la morena siempre tiene la boca abierta?

La morena mantiene la boca abierta y muestra los dientes porque está respirando. A diferencia de otros peces, para obtener oxígeno debe bombear agua con fuerza a través de las branquias. Por eso su boca no es signo de amenaza, sino una necesidad.

¿Por qué los pulpos cambian de color?

¡Los pulpos son verdaderos maestros del disfraz! Cuando tienen un depredador delante y no pueden esquivarlo, cambian el color de la piel y desaparecen camuflándose con las rocas y los corales del fondo marino.

¿Por qué la anguila eléctrica produce descargas eléctricas?

La anguila eléctrica busca a sus presas nadando despacio. Como no tiene dientes, utiliza un ingenioso sistema para capturarlas: produce breves descargas eléctricas, lo bastante potentes como para aturdirlas y tener tiempo de devorarlas sin problemas.

¿Por qué el pez payaso vive entre las anémonas?

Aunque la anémona es urticante, el pez payaso convive con ella porque es inmune a su veneno. Su cuerpo está recubierto de una mucosidad especial que lo protege de los tentáculos de la anémona y le permite vivir lejos de los depredadores.

¿Por qué los caballitos de mar tienen una bolsa en el abdomen?

Entre los caballitos de mar, el macho es el encargado de proteger los huevos. Para conseguirlo, se los guarda dentro de una bolsa que tiene en el abdomen. Esta bolsa o marsupio puede contener más de 100 huevos, cubiertos de un líquido que les proporciona alimento. Cuando los huevos se abren, el padre libera a las crías del marsupio, como si diera a luz.

¿Por qué la nutria marina se golpea el pecho con piedras?

La dieta de la nutria incluye almejas y mejillones, que tienen la concha muy dura. Tras recogerlos del fondo marino, la nutria sale a la superficie y flota panza arriba, utilizando su pecho como base para romper las conchas golpeándolas con piedras.

¿Por qué los cormoranes tienen los pies palmeados?

Muchas de las aves que viven en el medio acuático tienen que ser buenas nadadoras. Para moverse rápidamente, deben desplazar el agua hacia atrás. Al tener los pies palmeados, el cormorán puede impulsarse con más fuerza y, por tanto, moverse con mayor facilidad.

¿Por qué el siluro tiene «bigotes»?

Los bigotes del siluro se llaman barbillas y son una ayuda indispensable para moverse en aguas oscuras. También le sirven para encontrar comida mediante el tacto e incluso para probarla. Los "bigotes" son, pues, órganos sensoriales muy importantes sin los cuales el siluro no podría vivir.

¿Por qué los salmones remontan los ríos?

Cuando llega la época de desovar, el salmón abandona el mar y empieza a nadar río arriba, en un viaje que lo llevará de vuelta al lugar donde nació. Ahí, antes de morir, pondrá los huevos que, dentro del agua fresca y poco profunda, estarán a salvo de los depredadores.

¿Por qué las serpientes marinas tienen la cola plana?

A diferencia de sus parientes que reptan por tierra firme, estas serpientes viven en el mar y se desplazan nadando. Al tener la cola plana y con forma de remo, pueden moverse por el agua con rapidez y agilidad.

La montaña y el hielo permanente

Hay regiones de la Tierra donde el hielo cubre el suelo y hace frío todo el año. Son lugares realmente inhóspitos, pero también el «hogar» de muchos animales.

Para sobrevivir ahí, necesitan una capa de grasa muy gruesa o incluso un pelaje que los abrigue, preferiblemente blanco como la nieve.

En la alta montaña, la vida es igual de dura: los animales han de enfrentarse a temperaturas gélidas, sobre todo en invierno, y corren el peligro de despeñarse desde grandes alturas. Además, como el aire contiene poco oxígeno, también es más difícil respirar.

¿Por qué el oso polar no patina cuando se desplaza por el hielo?

Porque, bajo la planta de los pies, tiene unas almohadillas negras de piel gruesa, cubiertas con unas pequeñas protuberancias de piel suave que impiden que patine.

¿Por qué las focas abren agujeros en el hielo?

Con la llegada de la estación fría, el mar Ártico se hiela. Las focas excavan agujeros en el hielo y, de vez en cuando salen a respirar. Se trata de un momento peligroso, ya que pueden caer en las garras de algún oso polar.

¿Por qué las focas no beben casi nunca?

Como viven en el mar, las focas disponen de mucha agua, pero es salada y no les sirve para saciar la sed. Por eso solo beben ocasionalmente y para sus necesidades diarias, aprovechan el líquido que contienen los alimentos que ingieren.

¿Por qué el pelaje del oso polar no es blanco, sino incoloro?

La apariencia blanca del pelo del oso polar es un efecto de la luz. En realidad, su pelaje es transparente, ya que está vacío y lleno de aire. Este pelaje tan peculiar deja pasar la luz del sol hasta la piel, que es negra y absorbe el calor. Gracias a este truco, el oso se mantiene caliente.

¿Por qué las crías de la foca de Groenlandia son blancas?

Las crías de estas focas nacen cubiertas con un pelaje blanco, largo y esponjoso. Además de aislarlas del hielo sobre el que se tumban, el pelaje las ayuda a conservar el calor hasta que acumulan una capa de grasa suficientemente gruesa, lo cual requiere unas tres o cuatro semanas.

¿Por qué los machos de foca de casco tienen una pelota en el hocico?

Los machos adultos tienen una especie de «capucha» en la cabeza, entre la nariz y los ojos. Cuando la capucha está desinflada, cuelga sobre el labio superior, mientras que cuando se enfadan o quieren impresionar a una hembra, la capucha se hincha como un globo y sobresale por las fosas nasales.

¿Por qué el pingüino emperador ayuna durante el invierno?

El invierno, que en el hemisferio sur comienza en junio, es la época de reproducción del pingüino emperador. La hembra pone un solo huevo y se lo entrega al macho, que debe incubarlo durante dos meses, manteniéndolo en equilibrio sobre los pies. Durante este periodo ¡no puede comer nada!

¿Por qué los pingüinos no vuelan?

Los pingüinos son aves que viven en el mar. Sus músculos pectorales son muy fuertes, pero sus alas cortas y con forma de aleta no les permiten volar. En cambio, gracias a su cuerpo hidrodinámico, pueden desplazarse por el agua con gran agilidad, como si volaran.

¿Por qué no se les congela la sangre a los peces del océano Antártico?

Las aguas del océano Antártico son lo bastante frías como para congelar la sangre de un ser humano. Ahora bien, a los peces que viven en él esto no les ocurre porque su sangre contiene unas sustancias especiales que actúan como anticongelantes, impidiendo que se conviertan en estatuas de hielo.

¿Por qué los pingüinos se balancean cuando caminan?

Los pingüinos son aves que nadan como los peces, pero, al tener las patas cortas y palmeadas, les cuesta mucho caminar. Si se balancean, se cansan menos.

¿Por qué el narval tiene un cuerno en la nariz?

El cuerno, que puede superar los 2,5 metros de longitud, es en realidad un diente canino que crece en espiral y sobresale de la boca. Solo lo tienen los machos y puede servir para atraer la atención de las hembras y ahuyentar a los machos rivales.

¿Por qué las morsas tienen los dientes tan largos?

Los dientes de las morsas son una defensa contra los depredadores. Además, clavándolos en el hielo, pueden salir del agua con más facilidad. Los machos también los exhiben para conquistar a las hembras.

¿Por qué las morsas tienen bigotes?

Los bigotes (llamados «vibrisas», como los de los gatos) son muy sensibles y las morsas los utilizan para buscar presas en las profundidades, donde hay poca luz. Cuando acercan el hocico al fondo marino, las morsas expulsan agua por las fosas nasales y dejan al descubierto los moluscos enterrados en la arena.

¿Por qué las orejas del zorro ártico son tan pequeñas?

El reducido tamaño de las orejas de estos mamíferos impide que su cuerpo pierda calor. Igualmente, aunque sean muy pequeñas, les permiten oír perfectamente a las presas que se esconden entre la nieve.

¿Por qué el zorro ártico tiene la cola tan gruesa?

El zorro ártico tiene que ingeniárselas para protegerse del frío. Envolverse en su cola blanca y gruesa le resulta muy útil: le sirve como manta para protegerse del frío y le permite camuflarse entre la nieve.

¿Por qué el cormorán moñudo pasa tanto tiempo en la orilla con las alas abiertas?

El cormorán moñudo es un ave especializada en la pesca marina, y a veces se sumerge en el agua para perseguir y capturar a los peces de los que se alimenta. Cuando sale a la superficie, necesita mantener sus alas abiertas hasta que se le sequen las plumas.

¿Por qué los leminos se tiran al mar?

No es que sean suicidas. Cuando una población de leminos crece mucho, parte de ella emigra a otro lugar. Al alcanzar el mar, los leminos jóvenes intentan cruzarlo nadando, pero si la distancia es excesiva, los más débiles se cansan y se ahogan.

¿Por qué el frailecillo tiene el pico coloreado?

El frailecillo vive en las costas del norte. Durante el frío invierno, su pico triangular tiene una tonalidad apagada, pero en primavera, cuando llega el momento de buscar pareja, adquiere un color naranja, amarillo y azul que resulta más atractivo.

¿Por qué se llama así al elefante marino?

El nombre de estas grandes focas se debe a su trompa, que solo tienen los machos adultos. La utilizan para amplificar sus rugidos, que emiten sobre todo durante la época de apareamiento, cuando hay una gran competencia por las hembras.

¿Por qué el arao pone huevos en forma de pera?

El arao anida en los acantilados, formando colonias muy numerosas. La forma de pera de sus huevos evita que rueden y hace que la cáscara sea más resistente. También podría servir para que el huevo se mantuviera «limpio», ya que la parte más redondeada queda siempre por encima de la tierra.

¿Por qué el antílope tibetano no tiene problemas para respirar a grandes altitudes?

En alta montaña, la densidad del aire es menor y, por tanto, disminuye la cantidad de oxígeno para respirar. No obstante, el antílope tibetano tiene unas fosas nasales anchas dotadas de unas bolsitas que se hinchan y mejoran la respiración a grandes altitudes. Por eso su hocico parece tan grueso.

¿Por qué se golpea el pecho el gorila de montaña?

Los gorilas macho adultos se golpean en el pecho para atraer a las hembras y ahuyentar a posibles rivales. En realidad, lo que pretenden es hacer ruido: con las manos ahuecadas amplifican el sonido de los golpes, que puede oírse a más de un kilómetro de distancia.

¿Por qué el lución no tiene patas?

Aunque sea fácil confundirlo con una serpiente, el lución es un lagarto sin patas. Como pasa gran parte del tiempo excavando la tierra y entre la vegetación en descomposición, las extremidades le estorbarían para moverse.

¿Por qué escupen las llamas?

No es que sean maleducadas: es su forma de reaccionar cuando se enfadan o se asustan. Las hembras, por ejemplo, escupen para alejar a los machos que no les interesan. Cuando una llama escupe a una persona, se comporta como lo haría con un miembro de su especie.

¿Por qué los yaks pueden vivir a grandes altitudes?

Los yaks son unos bueyes enormes que viven por encima de los 4.000 metros en el Himalaya, donde se encuentran las montañas más altas del mundo. Tienen un corazón y unos pulmones muy potentes y tres veces más grandes que los de otros bovinos, cosa que les permite respirar más facilmente.

¿Por qué no hibernan las picas de meseta?

Estos pequeños parientes de los conejos sobreviven a los fríos meses de invierno sin hibernar gracias a un recurso sorprendente: aparte de comer flores y plantas silvestres, que almacenan en sus madrigueras durante el verano, se alimentan de los excrementos de los yaks.

¿Por qué la perdiz nival se entierra en la nieve?

En invierno, cuando el tiempo es muy frío, la perdiz nival aprovecha las propiedades aislantes de la nieve excavando en ella acogedoras madrigueras, donde puede descansar y disfrutar de un poco más de calor que en el exterior.

¿Por qué el leopardo de las nieves tiene una cola gruesa, flexible y muy larga?

La cola del leopardo de las nieves es indispensable para mantener el equilibrio al saltar de un peñasco a otro. También le permite maniobrar con rapidez y corregir el sentido de la marcha cuando persigue a una presa que se aleja en zigzag.

¿Por qué el quebrantahuesos come huesos?

Los huesos de los animales muertos son el principal alimento de esta ave carroñera. Puede parecer una comida poco apetitosa, pero es fácil de encontrar porque a pocos animales les gusta. Los jugos gástricos del quebrantahuesos digieren los huesos en menos de veinticuatro horas.

¿Por qué los polluelos de águila real recién nacidos están cubiertos de un suave plumón?

Las crías nacen en un nido construido en una pared rocosa y necesitan protegerse del frío cuando sus padres no están. El suave plumón las mantiene calientes. Cinco o seis meses después de nacer, los polluelos cambian de plumaje, antes de abandonar el nido.

¿Por qué los caribús migran a la tundra?

En primavera, cuando las crías están a punto de nacer, se produce la larga migración de los caribús al norte, un lugar más seguro y con menos depredadores. Además, abundan las plantas con brotes nuevos y nutritivos, sobre todo para las madres que tienen que amamantar a las crías.

¿Por qué las águilas tienen la vista tan aguda?

Las águilas ven cinco veces mejor que nosotros. De hecho, tienen unos ojos muy sensibles que transmiten al cerebro imágenes sumamente detalladas. Tener una vista excelente es importante para cazar, ya que así es posible identificar a las presas desde lo alto y lanzarse en picado para capturarlas.

¿Por qué los renos tienen las pezuñas anchas y con flecos peludos?

Caminar en la nieve puede ser dificultoso. Sin embargo, el reno tiene unas pezuñas grandes, fuertes y anchas que distribuyen el peso del cuerpo e impiden que se hunda. ¡Parecen raquetas de nieve naturales!

¿Por qué los ojos de los renos se vuelven azules en invierno?

Los ojos de los renos cambian de color en función de la estación. En verano, cuando el sol está alto y los días son brillantes, tienen un color dorado. En invierno, en cambio, adquieren una tonalidad de color azul oscuro para ver mejor en la oscuridad.

¿Por qué el rebeco tiene una barba en el dorso?

Los machos adultos tienen una franja de pelo llamada «barba» que recorre toda la zona del dorso. Está formada por unos pelos largos y oscuros que en otoño pueden alcanzar los veinte centímetros de longitud. El rebeco puede erizarlos para parecer más grande delante de un depredador o de un rival.

¿Por qué las crías de buey almizclero no tienen miedo de los lobos?

Porque cuentan con la ayuda de todo el rebaño. Cuando una manada de lobos lo rodea, los bueyes almizcleros forman un círculo, apuntando sus cuernos en dirección a los lobos. Las crías permanecen a salvo dentro de esta fortaleza defensiva, prácticamente impenetrable.

¿Por qué el búho de las nieves es blanco?

En el hielo polar y la tundra, donde todo está cubierto de nieve durante muchos meses, el blanco es un color de camuflaje perfecto. En realidad, solo el búho macho es completamente blanco, mientras que la hembra siempre tiene algunas plumas marrones.

¿Por qué el armiño cambia de color?

En las montañas, donde viven los armiños, la nieve cae en abundancia y blanquea todo el paisaje. Para camuflarse, los armiños cambian gradualmente el pelaje, que en verano es de un color marrón rojizo y en invierno se vuelve blanco.

¿Por qué se llama así el buey almizclero?

El buey almizclero vive en las regiones heladas del Ártico y su nombre se debe a su parecido con las vacas y los bueyes (aunque no tienen ningún parentesco) y al fuerte olor a almizcle que desprenden los machos para atraer a las hembras.

¿Por qué el íbice no se resbala en las laderas?

Las pezuñas del íbice tienen dos dedos que se separan para mejorar el equilibrio. Además, debajo de las pezuñas tienen unas almohadillas blandas y rugosas que se adhieren a la roca, lo cual les permite trepar por laderas casi verticales sin peligro de despeñarse.

¿Por qué los íbices se suben a las laderas orientadas al sur?

Los íbices viven por encima de los 2.000 metros en los meses de invierno. Por las mañanas necesitan entrar en calor rápidamente, por eso, prefieren las laderas protegidas del viento y orientadas al sur, donde hay más luz solar y calor.

¿Por qué las cabras de las Rocosas lamen las piedras?

La dieta de las cabras de las Rocosas se basa en plantas leñosas, hierba, corteza, musgo y líquenes. A veces, también lamen las piedras porque contienen sales minerales y a las cabras les encantan. La sal constituye una parte importante de su dieta.

¿Por qué la víbora tiene una picadura venenosa?

Como ocurre con todas las serpientes venenosas, el veneno de la víbora sirve para matar a las presas y herir a posibles atacantes. Además, la víbora engulle enteras a sus presas y el veneno ayuda a descomponerlas facilitando la digestión.

LA AUTORA

Cristina Banfi es licenciada en Ciencias Naturales por la Universidad de Milán y ha sido profesora en varios colegios. Es una de las fundadoras de la Asociación Didáctica Museística y ADMaiora, dedicadas a actividades de formación en museos y exposiciones. Desde hace más de veinte años, trabaja en el campo de la comunicación y los juegos educativos, así como en el ámbito editorial, en especial para el público infantil y juvenil.

EL ILUSTRADOR

Lorenzo Sabbatini es un ilustrador independiente que colabora con varias editoriales de prestigio internacional, así como con agencias de publicidad. Desde 2006, es miembro de la Asociación Italiana de Ilustradores.

La edición original de este libro ha sido creada y publicada por White Star, s.r.l. Piazzale Luigi Cadorna, 6. 20123 Milan-Italy.
www.whitestar.it

White Star Kids® es una marca registrada propiedad de White Star s.r.l.
© 2022 White Star s.r.l.
© 2022 Editorial Eccomi, S.L. Sobre la presente edición.

Segunda impresión: octubre 2024

Depósito Legal: B 10153-2022
ISBN: 978-84-19262-20-2
N° de Orden ECC: 0021

Reservados todos los derechos. Prohibida la reproducción total o parcial.
Traducción: David Paradela